INSTRUCTIONS

DE LA

Chambre des Avoués, près le Tribunal civil de la Seine, concernant les principales questions de procédure relatives à l'application de la loi

SUR LE

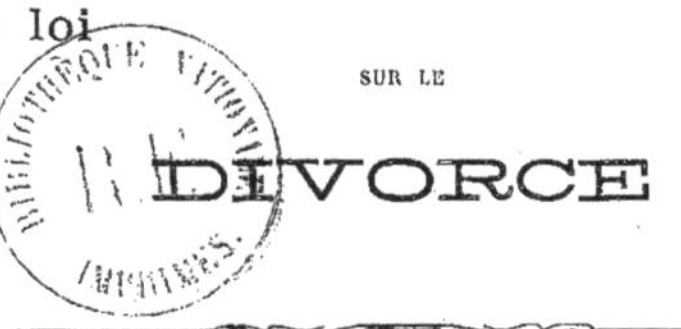

DIVORCE

CHAPITRE Ier

Demande directe afin de divorce.

ART. 236.

La requête, que le demandeur *en personne*, doit présenter à M. le Président du Tribunal *peut* assurément être signée par le demandeur. Doit-elle être signée d'un avoué?

L'affirmative résulte de l'article 79, paragraphe 3 du tarif, lequel alloue un droit de 15 francs à l'avoué, pour rédaction « de la re- « quête de l'époux qui se pourvoit en divorce pour cause déter- « minée, contenant le détail des faits » et le paragraphe 3 renvoie à l'article 236 du Code Civil.

ART. 236, 237, 238, 239 et 240.

Ces cinq articles organisent un préliminaire de conciliation qui comporte troisphrases distinctes :

remise du tout en ses mains. Ce procès-verbal sera signé par le juge et par le demandeur, à moins que celui-ci ne sache ou ne puisse signer ; auquel cas il en sera fait mention,

ART. 238. — Le juge ordonnera, au bas de son procès-verbal, que les parties comparaîtront en personne devant lui, au jour et à l'heure qu'il indiquera ; et qu'à cet effet, copie de son ordonnance sera par lui adressée à la partie contre laquelle le divorce est demandé.

ART. 239. — Au jour indiqué, le juge fera aux deux époux, s'ils se présentent, ou au demandeur, s'il est seul comparant, les représentations qu'il croira propres à opérer un rapprochement ; s'il ne peut y parvenir, il en dressera procès-verbal, et ordonnera la communication de la demande et des pièces au ministère public, et le référé du tout au tribunal,

ART. 240. — Dans les trois jours qui suivront, le tribunal, sur le rapport du président ou du juge qui en aura fait les fonctions et sur les conclusions du ministère public, accordera ou suspendra la permission de citer. La suspension ne pourra excéder le terme de vingt jours.

La première (art. 236), où le demandeur paraît *seul* devant M. le Président ;

La deuxième (art. 238 et 239), où les *deux* époux paraissent devant le même magistrat ;

La troisième enfin (art. 240), où le *Tribunal*, en Chambre du Conseil, en dehors des parties, sur le référé qui lui en est fait par le magistrat conciliateur, accorde ou suspend la permission de citer, ou mieux d'assigner.

Jusqu'au jugement de l'article 240, les parties comparaissent seules ; et, si la requête du demandeur est signée et doit être signée d'un avoué, c'est le demandeur seul en personne qui est introduit devant le magistrat. De même le défendeur est seul, sans assistance d'aucune sorte.

La circulaire du 8 novembre, émanée de la Chambre des Avoués, indique les formalités matérielles à remplir pour le bien du service.

Le jugement rendu sur le rapport du magistrat conciliateur clôt les préliminaires, les tentatives de conciliation, au même titre que l'ordonnance autorisant à suivre en matière de séparation de corps. De même et en conséquence de cette assimilation, le jugement prévu par l'article 240 statuera à titre provisoire et à raison de la nature urgente des mesures (comme le fait la seconde ordonnance en matière de séparation) sur les mesures *provisoires :* résidence de la femme, garde des enfants, etc.

Il n'a pas à statuer sur la pension et la provision, ce sera l'objet de la décision qui commence la quatrième phase de la procédure. (Articles 241 et suivants.)

La jurisprudence reconnaît que la première requête présentée en matière de séparation de corps commence, en réalité, l'instance. C'est ce qu'a jugé un arrêt de la Cour de Cassation du 27 juillet 1825

(Sirey, 1825, I., 161), en disant « que, si le Président du Tribunal
« civil fait l'office de conciliateur, il fait en même temps celui de
« juge, puisqu'il autorise, par une ordonnance qu'il rend à cet effet,
« la femme à se retirer dans une maison qu'il indique, etc.... Et
« la Cour déclare que c'est du jour de la requête présentée au Pré-
« sident du Tribunal du domicile conjugal et non pas seulement du
« jour de l'assignation que le Tribunal est saisi et que le même Tri-
« bunal doit conserver la connaissance de la demande, nonobstant
« tout changement ultérieur de domicile du mari. » (Voir décision
analogue: Cassation, 8 décembre 1880; Sirey, 1882-1-103.)

Par application de ces principes, et pour éviter une déchéance,
au cas où il y aurait lieu d'opposer l'incompétence, il sera nécessaire que le défendeur demande acte de l'exception proposée au
jour où il se présente en conciliation dans les termes des articles
238 et 239.

Le magistrat conciliateur en donnera acte sans y statuer et
l'exception pourra être utilement plaidée ultérieurement. Il en
serait peut-être autrement si la comparution avait eu lieu sans
réserve, l'exception pourrait être considérée comme couverte.

ART. 241. — Le demandeur, en vertu de la permission du tribunal, fera citer le défendeur, dans la forme ordinaire à comparaître en personne à l'audience à huis clos, dans le délai de la loi; il fera donner copie, en tête de la citation de la demande en divorce et des pièces produites à l'appui.

ARTICLES 241, 242, 243, 244, 245 ET 246.

Avec l'exécution de l'article 240 et le jugement sur référé qui
accorde l'autorisation de citer, cesse le préliminaire de conciliation.

1° Le demandeur fait citer (assigner) le défendeur à comparaître *en personne, à huis clos*, en vertu d'une ordonnance indiquant
le jour de la comparution et la distribution, le tout conformément
à la circulaire du 8 novembre; à partir de ce moment, le rôle de
l'avoué devient obligatoire pour les deux parties.

La citation, qui n'est autre qu'une assignation, doit contenir
constitution d'avoué. Et le défendeur, tout en étant cité à comparaître en personne, est obligé de constituer avoué dans les termes

ordinaires, sous peine d'être jugé par défaut. La loi l'a si bien compris ainsi pour le défendeur aussi bien que pour le demandeur, que l'article 92 § 27 du tarif alloue 6 fr. à l'avoué « *pour assister à huis clos les époux* dans le cas de demande en divorce, représenter les pièces, faire les observations et indiquer les témoins ».

Un placet sera rédigé, signé de l'avoué dans les termes ordinaires.

2° C'est à ce moment de la procédure que devront être soulevées par conclusions posées dans les termes ordinaires les questions de compétence, et aussi la fin de non recevoir résultant de la réconciliation. On pourra, dans les mêmes conclusions, soulever les questions de pension et de provision.

Toutes ces questions seront ultérieurement traitées en *audience publique*. C'est ce qui résulte de la combinaison des articles 245 et 246 qui prescrivent le renvoi à l'audience publique (art. 245), et établissent l'ordre des décisions, d'abord sur les fins de non recevoir, ensuite, et s'il y a lieu, au fond (art. 246).

Le Tribunal, après avoir reçu à *huis clos* l'indication des incidents soulevés, renverra à l'audience publique, conformément à l'article 245, en donnant acte tant des fins de non recevoir, s'il en a été opposé, que du surplus des chefs soulevés.

Le défendeur qui n'aura pas opposé à huis clos l'incompétence, sera-t-il déchu?

Non, s'il n'a pas conclu au fond, mais pourvu qu'il ait demandé acte de ses réserves lors de la comparution première en conciliation, par analogie tirée de l'arrêt de 1825 précité. Il ne devra pas même conclure sur la pension et la provision, ni sur aucun autre chef, s'il veut se réserver l'exception d'incompétence. — Il pourra alors l'opposer à l'audience publique.

En d'autres termes, les conclusions au fond peuvent toujours être ajournées dans l'audience à huis clos pour n'être posées qu'en audience publique. Elles. *doivent* être ajournées si une fin de non-recevoir doit ou peut être opposée.

Conclusion : dans la pratique, ne jamais conclure au fond, à l'audience à huis clos.

Ce que nous avons dit des questions de pension et de provision, s'applique aussi à la garde des enfants, pour le cas où le jugement de référé rendu en conformité de l'article 240 n'y aurait pas statué.

Le procès-verbal prévu par l'article 244 qui précède immédiatement le renvoi à l'audience publique (245), doit dans tous les cas, être clos avant ce renvoi, et, en même temps, est close définitivement la phase de la procédure à huis clos.

Le Tribunal, saisi en vertu de l'article 245, entend les plaidoiries et statue conformément à l'article 246.

Revenons maintenant aux articles 242, 243 et 244.

ARTICLE 242.

Que veulent dire ces mots : « Le demandeur assisté d'un conseil, s'il le juge à propos ». Si on reconnaît que le ministère de l'avoué est obligatoire, et cela est constant, le *Conseil* dont parle l'article 242 n'est et ne peut être, *en sus de l'avoué*, qu'un des membres du barreau, les avocats ayant seuls qualité pour plaider devant les Tribunaux civils.

Désignation des témoins. — L'ARTICLE 242, *in fine*, impose au demandeur l'obligation de désigner ses témoins dans l'audience à huis clos.

L'ARTICLE 243 impose la même obligation au défendeur au même moment.

2.

Les Avoués remettront une note dans laquelle les témoins seront désignés, et par ce mot *désignés*, il faut entendre l'indication des noms, professions et domicile.

Dans la pratique, à ce moment de la procédure, la désignation des témoins sera difficilement complète. Il sera prudent, tout en indiquant, autant que possible, ceux qui seront déjà connus, de réserver à la partie le droit d'en nommer d'autres.

On remarquera que si l'article 242, confirmé par l'article 248, exige la comparution du demandeur en personne, l'article 243 autorise le défendeur à se faire représenter par un fondé de pouvoir. Ce fondé de pouvoir ne peut être autre que l'avoué, accompagné ou non d'un avocat qui serait ensuite chargé de développer en audience publique les conclusions relatives, par exemple, à l'incompétence, à la réconciliation, à la pension, etc...

ART. 243. — Si le défendeur comparaît en personne ou par un fondé de pouvoir, il pourra proposer ou faire proposer ses observations, tant sur les motifs de la demande que sur les pièces produites par le demandeur et sur les témoins par lui nommés. Le défendeur nommera, de son côté, les témoins qu'il se propose de faire entendre, et sur lesquels le demandeur fera réciproquement ses observations.

ARTICLE 243.

Procès-verbal signé des parties, dit l'article 243, ou du fondé de pouvoir, en ce qui concerne le défendeur (pour être d'accord avec le texte précis de l'article 242).

Quid si le *demandeur* ne comparaît pas en personne au jour indiqué par l'assignation à comparaître à huis clos ? — L'avoué constitué pourra demander la remise en en donnant la raison (maladie, absence, etc.), sinon la demande pourra être supprimée. En cas de suppression, il sera nécessaire de présenter une nouvelle requête et de demander un nouveau jour. Il sera nécessaire, nous le répétons, de justifier de la cause de la remise, par exemple, par la production d'un certificat de médecin ; c'est qu'en effet le *procès-verbal* devra toujours être ouvert : de là, nécessité pour le bon ordre de rendre ces remises aussi rares que possible.

ARTICLE 245

Après la lecture du procès-verbal ordonnée par l'article 244, le Tribunal rend au bas du procès-verbal une ordonnance qui termine le *huis clos*. Cette ordonnance *prescrit* la communication au Ministère public et contient la nomination d'un rapporteur. Si le défendeur a fait défaut, il est nécessaire de lui notifier l'ordonnance qui fixe le jour et l'heure *de l'audience publique* conformément à l'article 245, mais l'ordonnance seulement, sans y joindre le surplus du procès-verbal. Si le défendeur a été repsésenté par un avoué, cette signification est inutile. Toutefois, dans la pratique, pour éviter les erreurs et les oublis il sera donné un avenir d'avoué à avoué.

Art. 245. — Le tribunal renverra les parties à l'audience publique, dont il fix-ra le jour et l'heure; il ordonnera la communication de la procédure au ministère public, et commettra un rapporteur. Dans le cas où le défendeur n'aurait pas comparu, le demandeur sera tenu de lui faire signifier l'ordonnance du tribunal, dans le délai qu'elle aura déterminé.

ARTICLE 246.

L'article 246 prévoit le jugement qui statue sur la *recevabilité* de la demande en divorce. Les mots « la demande en divorce sera admise » veulent dire, sera déclarée admissible, ou recevable, sauf à statuer *au fond* ultérieurement.

La communication au Ministère public, puis au juge rapporteur est obligatoire; pour que cette communication soit utile, il *sera nécessaire* que les dossiers soient remis trois jours à l'avance, par exemple, le jeudi pour le lundi.

Art. 246. — Au jour et à l'heure indiqués, sur le rapport du juge commis, le ministère public entendu, le tribunal statuera d'abord sur les fins de non-recevoir, s'il en a été proposé. En cas qu'elles soient trouvées concluantes, a demande en divorce sera rejetée : dans le cas contraire, ou s'il n'a pas été proposé de fins de non-recevoir, a demande en divorce sera admise.

ARTICLE 247.

« Immédiatement après l'admission de la demande en divorce, « sur le rapport du juge commis, le Ministère public entendu, le tri- « bunal statuera au fond ». — *Les mots immédiatement après* ne veulent pas dire: séance tenante et dans la même audience. Ils indiquent *l'ordre* de la procédure en ce sens qu'ils ne supposent pas qu'un acte d'instruction doive intervenir entre le jugement d'admissibilité et celui qui statuera, soit sur le fond si l'affaire est en état d'être jugée,

Art. 247. — Immédiatement après l'admission de la demande en divorce, sur le rapport du juge commis, le ministère public entendu, le tribunal statuera au fond. Il fera droit à la demande, si elle lui parait en état d'être jugée; sinon, il admettra le demandeur à la preuve des faits pertinents par lui allégués, et le défendeur à la preuve contraire.

soit sur l'admissibilité du demandeur à la preuve des faits pertinents dans le cas contraire. (Article 247 *in fine*).

Mais pour éviter toute difficulté sur ce point, il sera nécessaire
que les avoués prennent des conclusions pour demander que le
Tribunal, en même temps qu'il statuera sur les faits qu'il recon-
naîtra pertinents, prononce par le même jugement, un sursis pour
« être procédé conformément aux articles 249 et 252, en ce qui
touche la preuve testimoniale ». On va voir, en effet, plus loin, qu'à
défaut de ce sursis, les articles 247, 249 et 252 seraient absolu-
ment inconciliables et inexécutables.

— Quid, si dans les termes de l'article 247, une des parties
prétend, soit faire prononcer, soit faire rejeter le divorce *de plano*
et sans enquête?

Il semble que dans ce cas le Tribunal devra laisser plaider la
question ainsi posée et devra prononcer le sursis ci-dessus indiqué,
soit sur conclusions subsidiaires, soit même d'office, par le
jugement qui repoussant la décision au fond immédiate, statuera sur
les faits reconnus pertinents.

Ce jugement, essentiellement interlocutoire, sera nécessaire-
ment susceptible d'appel.

ARTICLES 247, 249, 252.

Le Tribunal a, nous le supposons, jugé que la demande ne
pouvait recevoir une solution *de plano*. Il a déterminé quels faits
lui paraissent pertinents et rejeté les autres. Enfin, il a déclaré
admettre le demandeur à faire sa preuve et le défendeur à faire la
preuve contraire. Voilà l'article 247.

L'article 249 ajoute : « Aussitôt après la prononciation du jugement qui ordonnera les enquêtes (c'est le jugement de l'article 247),
le greffier du Tribunal donnera lecture de la partie du procès-verbal

(articles 244 et 243) qui contient la nomination déjà faite des témoins que les parties se proposent de faire entendre. Elles seront averties par le Président qu'elles peuvent encore en désigner d'autres, mais qu'après ce moment elles n'y seront plus reçues. »

Enfin l'article 252 dispose : « Tout jugement qui admettra une preuve testimoniale, dénommera les témoins qui seront entendus, et déterminera les jour et heure, auxquels les parties devront les présenter ». « Tout Jugement qui admettra une preuve testimoniale... » C'est le jugement prévu par l'Article 247 *in fine*. On exige qu'il dénomme les témoins ; mais aux termes de l'article 249, c'est *après* la prononciation de ce jugement que les parties sont appelées à compléter leurs désignations antérieures. Enfin, aux termes de l'article 250, c'est après cette désignation complémentaire que le Tribunal doit statuer sur les reproches.

Comment *concilier* ces diverses dispositions? Il faut considérer que les décisions doivent se succéder dans l'ordre naturel des choses, et pour rendre pratique autant que possible, une procédure aussi compliquée, tout en restant fidèle à la loi, voici comment il sera procédé :

Premièrement. — Un premier jugement statuera dans les termes de l'article 247 « et, en admettant les parties à la preuve, renverra à une date ultérieure pour être procédé conformément aux articles 249, 250 et 252 » ;

Nous supposons un renvoi à quinzaine. Dans ce délai, les avoués des parties devront faire connaître, par acte du Palais, les noms de leurs témoins respectifs, le demandeur d'abord, dans les cinq jours du jugement ; le défendeur dans les cinq jours suivants ; Des conclusions conformes seront posées à l'audience de quinzaine.

Deuxièmement. — Un deuxième jugement constatant la lecture prescrite par l'article 249 et l'interpellation du Président donnera

3.

acte aux parties de la désignation de leurs témoins, puis renverra à quinzaine pour les reproches au cas où il s'en produirait.

Troisièmement. — Enfin un troisième jugement statuera sur les reproches, s'il y a lieu, dénommera *définitivement* les témoins qui seront entendus (art. 252) et fixera le jour de l'audition.

Nous le répétons, les témoins doivent toujours être désignés par conclusions signifiées *et posées*. Il en sera de même des reproches.

La procédure en trois parties ou en trois actes est nécessaire, ne fût-ce que par cette raison que chacune des décisions prévues est susceptible d'appel, et que par suite il est nécessaire de donner aux plaideurs le temps de prendre parti. Il en est ainsi spécialement du jugement d'admission prévu par l'article 246.

C'est du reste la procédure qui était conseillée et suivie au lendemain de la promulgation du C. C. (Voir les Éléments du Droit par M. Demiau-Crouzilhac, petit-fils de Furgole, page 563.)

ARTICLES 253, 254, 255.

Les articles qui règlent les formalités des enquêtes à huis clos devant le tribunal entier et devant le ministère public, n'exigent aucune observation particulière, sauf ce qui va suivre :

Chaque témoin doit-il signer séparément sa déposition ou seulement le procès-verbal entier ?

La première solution paraît la seule vraie : chaque témoin étant entendu séparément, hors la présence des autres, comment imaginer qu'il puisse signer des parties du procès-verbal relatant des dépositions et des faits auxquels il n'a pas été mêlé ?

Remarquer dans l'art. 253 la présence autorisée de trois conseils ou amis. Bien entendu, l'avoué et l'avocat sont compris dans ce nombre de trois.

Il est bien entendu aussi qu'en dehors des conseils on ne doit admettre que des amis. Le Président aura naturellement à ce sujet un droit de contrôle.

Les interpellations doivent toujours passer par la bouche du Président qui a la police de l'audience.

L'enquête peut-elle avoir lieu en l'absence du demandeur (art. 248)? — Non. — Donc, il faut veiller à ce que le demandeur assiste à l'enquête.

ARTICLE 256.

ART. 256. — Après la clôture des deux enquêtes ou celle du demandeur, si le défendeur n'a pas produit de témoins, le tribunal renverra les parties à l'audience publique, dont il indiquera le jour et l'heure; il ordonnera la communication de la procédure au ministère public, et commettra un rapporteur. Cette ordonnance sera signifiée au défendeur, à la requête du demandeur, dans le délai qu'elle aura déterminé.

L'ordonnance de renvoi à l'audience publique dont parle cet article est mise à la suite du procès-verbal d'enquête, et elle en constate la clôture. Elle est signifiée *avec le procès-verbal d'enquête tout entier*, par acte d'avoué à avoué, ou, si le défendeur a fait défaut, par assignation.

ARTICLE 257.

ART. 257. — Au jour fixé pour le jugement définitif, le rapport sera fait par le juge commis; les parties pourront ensuite faire, par elles-mêmes ou par l'organe de leurs conseils, telles observations qu'elles jugeront utiles à leur cause; après quoi le ministère public donnera ses conclusions,

Nous revenons alors à l'audience publique. L'affaire suit son cours ordinaire et subit les remises nécessaires.

Il faut ici rappeler l'article 248 qui, en même temps qu'il autorise les parties à intervenir *en personne* « à chaque acte de la cause », se termine ainsi : « En aucun cas le conseil du *demandeur* ne sera admis, si le demandeur n'est pas comparant en personne. »

Donc nécessité pour le demandeur de comparaître en personne au moment des plaidoiries et de les suivre. — La parole sera refusée à son avoué et à son avocat, s'il est absent. — Dans la pratique il sera nécessaire, en cas d'absence du demandeur, de justifier et légitimer la cause de cette absence, pour obtenir une remise.

Quid si le demandeur est absent, et que le défendeur insiste pour plaider?

Le défendeur aura certainement le droit d'insister pour plaider, sauf au tribunal à rester juge de la remise à ordonner d'office, s'il y a lieu.

Le jugement sera, dans tous les cas, contradictoire, puisque nous supposons le débat lié par le placet déposé et contenant les conclusions de la demande, d'une part, et par les conclusions antérieurement déposées au nom du défendeur, d'autre part.

Article 258.

« Le jugement définitif sera prononcé en audience publique; lorsqu'il admettra le divorce, le demandeur sera autorisé à se retirer devant l'officier de l'état civil pour le prononcer. »

La question de savoir quel est l'officier de l'état civil compétent ne se présente pas ici : les époux ayant, au moment de l'introduction de l'instance, un seul domicile légal, celui du mari. C'est devant l'officier de ce domicile que les parties devront se retirer, et le Tribunal n'a pas à intervenir pour le désigner. Il est désigné de plein droit. Le Code civil n'a pas, au surplus, édicté de dispositions spéciales à ce sujet. C'est le cas de s'en référer à la loi du 20 septembre 1792, sur l'état-civil des citoyens, laquelle, dans la section 5 du titre 4, attribue dans un cas analogue, compétence à l'officier public de la municipalité dans l'étendue de laquelle le mari a son domicile.

Quid si le mari est sans domicile ni résidence connus?

Aux termes de l'art. 17 du § 2 de la loi du 20 septembre 1792 (sur le mode et les effets du divorce), en cas d'absence du mari depuis cinq ans, l'officier de l'état civil compétent pour la prononciation du divorce était celui du domicile du demandeur. Dans le silence du Code civil et par voie d'analogie, il y a lieu d'appliquer la même règle, qui est conforme, d'ailleurs, aux principes généraux en matière de compétence, ainsi qu'il résulte de l'art. 59, § 8, du Code de procédure civile. (Jugement de la première chambre du Tribunal civil de la Seine du 19 novembre 1884. Journal *le Droit* du 26 novembre.)

Art. 261. — Lorsque le divorce sera demandé par la raison qu'un des époux est condamné à une peine afflictive et infamante, les seules formalités à observer consisteront à présenter au tribunal de première instance une expédition en bonne forme de la décision portant condamnation, avec un certificat du greffier constatant que cette décision n'est plus susceptible d'être réformée par les voies légales ordinaires. Le certificat du greffier devra être visé par le procureur général ou par le procureur de la République.

Art. 263. — L'appel ne sera recevable qu'autant qu'il aura été interjeté dans les deux mois à compter du jour de la signification du jugement rendu contradictoirement ou par défaut. Le délai pour se pourvoir à la Cour de cassation contre un jugement en dernier ressort sera aussi de deux mois à compter de la signification. Le pourvoi sera suspensif.

ARTICLE 261.

Le jugement devra être signifié, comme tout autre jugement, pour faire courir les délais d'appel.

ARTICLE 263.

Il résulte explicitement de cet article que le délai d'appel court du jour de la signification (à partie) du jugement « rendu contradictoirement ou par défaut ».

D'où cette conséquence que *l'exécution* d'un jugement par défaut est inutile pour faire courir les délais d'appel.

De telle sorte qu'un jugement par défaut signifié au parquet, faute de domicile ou résidence connus pour le défendeur, deviendrait définitif, sans aucune formalité nouvelle, par le seul laps de deux mois.

Il y a divergence d'opinion sur le point de savoir si le jugement par défaut en matière de divorce est comme tous les autres jugements en toute matière (sauf de très rares exceptions nettement précisées), susceptible d'opposition ; ou si, par une exception implicite, il en doit être autrement pour le jugement prononçant le divorce, — la jurisprudence aura à se prononcer sur cette question qu'il ne nous appartient point de trancher ici.

Nous rappellerons seulement : 1° que l'art. 881 du C. de P. C. renvoie explicitement pour la procédure du divorce au Code civil, d'où l'on conclut que les dispositions spéciales du C. de P. C. promulgué après le Code civil n'ont pas d'application possible ; 2° que l'article 265 ne mentionne que l'opposition aux arrêts par défaut et que dans son texte actuel, l'article 263 est emprunté, non au Code civil de 1804, mais à la loi de 1884 qui l'a modifié quant au délai, et par suite l'a édicté de nouveau en son entier. La jurisprudence, avant la loi de 1816, décidait que l'opposition n'était pas recevable (Cassation, 27 décembre 1807, Aix, 7 mars 1809).

Il sera nécessaire de veiller avec le plus grand soin à ne pas laisser par oubli prononcer des jugements par défaut qui pourraient être définitifs.

Remarquons que les décisions doivent être définitives et irrévocables pour que l'officier de l'état civil puisse procéder. — Le pourvoi en cassation est suspensif. — La raison de ces dispositions se comprend d'elle-même.

— L'article 266 attache la déchéance à l'expiration du délai de deux mois sans que l'officier public ait été appelé à prononcer le divorce. — Cette disposition doit attirer l'attention toute particulière des parties et de leurs avoués au cas où ces derniers auraient assumé la charge d'assurer l'exécution des jugements ou arrêts de divorce.

— Le délai de deux mois édicté par l'article 265 pourrait-il être abrégé par un acte d'exécution volontaire de la part du défendeur, par exemple, par le paiement des frais, ou tout autre acte comportant renonciation au droit d'appel ou de pourvoi, suivant le droit commun? La Cour de cassation a adopté la négative par arrêt du 17 août 1807, et Toullier s'est rangé à cet avis, estimant que le délai de deux mois était d'ordre public et qu'il était laissé aux parties comme délai de réflexion. L'idée, assurément morale, s'accorde-t-elle bien avec le texte de l'article 265 qui ne vise que « l'expiration du délai d'appel ou de pourvoi ». Le délai ne court plus, lorsque par le paiement des frais le défendeur s'est rendu non recevable à appeler ou à se pourvoir; en d'autres termes, le délai accordé par la loi expire au moment même du paiement. — Quoi qu'il en soit, et en prévision d'une divergence possible de la jurisprudence sur ce point, il sera prudent au demandeur d'appeler le défendeur devant l'officier public à une date telle que la déchéance terrible prononcée par l'article 266 ne puisse être encourue dans aucune hypothèse et quelle que doive être la solution sur le point qui vient d'être énoncé.

CHAPITRE II

Transformation — En instances de divorce — des Instances afin de Séparation de Corps, pendantes au moment de la promulgation de la loi.

L'article 4 de la loi de 1884 (disposition transitoire), est ainsi conçu :

« Les instances en Séparation de corps pendantes au moment
« de la promulgation de la présente loi, pourront être converties
« par les demandeurs en instances de divorce. Cette conversion
« pourra être demandée même en cour d'appel.

« La procédure spéciale au divorce sera suivie à partir du der-
« nier acte valable de la procédure en Séparation de corps ».

D'abord que doit-on entendre par: Instances *Pendantes?* Ce que nous avons dit plus haut (page 2), tranche la question.

L'arrêt de 1825, que nous avons cité, décide, en effet, qu'il y a instance engagée, c'est-à-dire pendante, dès que la requête prescrite par l'article 875 du Code de Procédure civile, a été suivie de la première ordonnance portant permis de citer (art. 876).

Cette décision se concilie à merveille avec les dispositions des articles 270, 271 du Code civil, qui autorisent l'apposition des scellés et qui prononce certaines nullités à partir de la première ordonnance et concurremment avec elle.

Il serait peu juste que les mesures ainsi prises et les droits acquis fussent réduits à néant, si l'on plaçait le demandeur dans l'alternative ou de suivre sur la simple séparation alors qu'il voudrait conclure au divorce, ou de supprimer la procédure commencée pour entamer *ab ovo* celle du divorce.

On pourra donc bénéficier des dispositions de l'article 4 dès que la requête dont il vient d'être question aura été présentée et répondue avant la promulgation de la loi.

Ce principe posé, et, avant d'entrer dans l'examen du mode de procéder, selon la phase de la procédure à laquelle on se trouve, une nouvelle question se pose :

La faculté de conversion peut-elle être encore exercée après que des actes d'instruction ou de procédure ont été accomplis depuis la promulgation de la loi, au cours de l'instance en séparation de corps; où le demandeur doit-il transformer de suite avant tout acte nouveau de procédure, sous peine de déchéance ?

La question est délicate et nous ne pouvons indiquer ici qu'une opinion personnelle.

La jurisprudence pourra offrir à cet égard des divergences.

Il semble cependant que la négative s'impose par cette seule raison que les déchéances sont de droit étroit et que la loi n'ayant pas prononcé la déchéance, n'ayant d'ailleurs imposé, pour que la transformation soit possible, que la condition que l'instance fut pendante au moment de la promulgation de la loi, on ne saurait suppléer une déchéance qu'elle n'a pas prévue. Par suite on pourrait, selon nous, continuer la procédure de Séparation jusqu'au moment où il devra être plaidé pour le jugement définitif, et à ce moment encore la conversion pourrait être demandée.

— Examinons maintenant comment on devra procéder selon l'état de la procédure en Séparation de corps.

A. — *La première ordonnance de l'article 876 du Code de Procédure civile est seule rendue.*

Dans ce cas on remplira les formalités depuis l'origine sauf la présentation déjà faite de la requête prévue par l'article 236.

Mais il semble que, dans la pratique, cette espèce ne devra guère se présenter.

B. — *La citation à comparaître devant le Président dans les termes de l'art. 877 du Code de Procédure civile est notifiée.*

Même observation qu'au cas précédent. L'espèce sera rare, et néanmoins il semble que la déclaration de l'intention de convertir devra être faite devant le Président, qui en donnera acte et consignera la déclaration dans un procès-verbal dressé conformément à l'article 239 du Code civil. Référé sera fait à la Chambre du Conseil, qui autorisera, dans les termes de l'article 240, à citer le défendeur, conformément à l'article 241.

C. — *La deuxième ordonnance de l'article 878 du Code de Procédure civile est rendue.*

On arrive de plain-pied à l'audience de huis clos (art. 241 du Code civil). Il suffira donc au demandeur de présenter une requête à M. le Président du Tribunal, dans laquelle il déclarera vouloir transformer sa demande de séparation en demande de divorce, et demandera indication de la Chambre du Tribunal, ainsi que de l'heure et du jour auxquels devra avoir lieu la comparution à l'audience à huis clos.

(Assignation) Citation sera ensuite donnée avec copie du procès-verbal de non conciliation, dressé pour la Séparation, et de l'ordonnance et de la requête dont il vient d'être question.

D. — *L'assignation à fin de Séparation est délivrée;*

Il n'y a pas à distinguer s'il y a eu ou non constitution d'avoué pour le défendeur. Dans les deux hypothèses, la comparution à huis clos doit avoir lieu dans les termes des articles 241 et suivants du Code civil.

A cet effet, requête sera présentée soit à M. le Président du Tribunal civil de la Seine, s'il n'y a pas encore eu distribution de l'affaire, soit à M. le Vice-Président de la Chambre à laquelle l'affaire aurait été déjà distribuée; pour fixation soit de Chambre, de jour et heure, soit de jour et d'heure seulement.

On procèdera ensuite par avenir *motivé* contenant notification de la requête et de l'ordonnanse avec sommation de faire comparaître la partie, s'il y a eu constitution, et par nouvelle assignation à la partie, s'il n'y a pas eu de constitution.

E. — *Le Tribunal a été saisi par le dépôt du placet, mais l'affaire n'a pas été mise au rôle, soit qu'il n'y ait pas eu constitutim, soit que la constitution n'ait pas été suivie du dépôt de conclusions au fond.*

Même solution que dans l'espèce précédente. On présentera requête à M. le Vice-Président de la Chambre à laquelle l'affaire a été distribuée qui fixera le jour, l'heure de l'audience à huis clos. Avenir motivé sera donné comme ci-dessus.

F. — *Les conclusions an fond ont été posées avant la loi du 29 juillet 1884.*

Nous supposons que l'enquête n'a pas encore été ordonnée.

Dans ce cas, on en est à la phase qui est censée avoir suivi la procédure à huis clos. Il n'y a donc pas lieu d'y revenir : Tous les *préliminaires* sont épuisés.

On en est à l'audience publique (art. 245 et 246).

Il y a cependant une lacune à combler; l'audience à huis clos aurait dû se terminer par une ordonnance désignant un rapporteur, prescrivant la communication au Ministère public, désignant le jour et l'heure de l'audience publique. De même les parties auraient dû à l'audience à huis clos désigner leurs témoins. Il faudra donc, autant que possible, combler ces lacunes.

A cet effet, le demandeur devra signifier et poser des conclusions dans lesquelles il demandera acte de ce qu'il déclare convertir sa demande de séparation de corps en demande de divorce, demandera au tribunal de désigner un rapporteur, d'ordonner la communication au Ministère public et de fixer le jour et l'heure de l'audience.

En même temps, il devra désigner les témoins qu'il aurait indiqués à l'audience à huis clos (noms, profession et domicile) et faire au besoin ses réserves, d'en indiquer d'autres ultérieurement.

Un jugement rendu en audience publique lui donnera acte de sa déclaration, ordonnera la communication au Ministère public, nommera un rapporteur, et renverra à une date déterminée.

— Ce jugement devra-t-il déterminer dans quel délai aura lieu la signification au défendeur ?

Cette question nous amène à une autre qui se pose non-seulement dans le cas actuel, mais aussi dans les hypothèses que nous allons examiner, à savoir : le défendeur à la séparation de corps doit-il conclure au fond sur la demande de transformation ?

Oui, car la demande de séparation de corps disparaît pour faire place à une demande de divorce, et, à défaut de conclusions, le jugement serait par défaut contre avoué.

Par voie de conséquence, le jugement prévu ci-dessus ne devra déterminer de délai pour la signification que dans le cas ou le défendeur n'aurait pas conclu à nouveau.

— Ici encore une autre question importante : la présence du demandeur en personne est-elle nécessaire, lors du dépôt des conclusions afin de transformation ?

Oui, par application de l'art. 248 *in fine*. C'est le premier acte de la procédure de divorce. Donc l'assimilation est forcée.

L'article 236 oblige d'ailleurs le demandeur a comparaître en personne.

Cette comparution doit avoir lieu en audience publique, au jour qui, *sur la demande de l'avoué*, sera fixé par M. le Président de la Chambre à laquelle l'affaire est distribuée : avenir spécial sera donné pour le jour indiqué.

Cette solution s'applique également aux hypothèses qui vont suivre :

G. — *Le jugement ordonnant l'enquête, a été rendu, et l'enquête n'est pas effectuée.*

a. — Même nécessité que pour l'hypothèse précédente, de combler la lacune relative à l'indication des témoins.

On déposera donc des conclusions demandant acte de la transformation et indiquant les témoins. Et, sur la signification de ces conclusions, le défendeur, en concluant au fond sur la transformation, indiquera également les témoins pour la contre-enquête. Alors, le tribunal, en donnant acte de la transformation et en constatant l'avertissement prévu par l'article 249, renverra pour statuer sur les reproches à une date ultérieure, comme il a été dit pages 9 et 10.

b. — Si le jugement ordonnant l'enquête a été rendu par défaut, on présentera requête au Président de la chambre à laquelle l'affaire a été distribuée, afin d'indication de jour, et il sera donné une assignation dont les conclusions seront identiques à celles qui sont prises lorsque l'instance est contradictoire.

Le Tribunal rend alors un jugement donnant acte de la déclaration de transformation, et de l'indication des témoins. A ce moment, et pour la suite des opérations, assignation *motivée* est donnée au défendeur défaillant, sans qu'il y ait lieu de lever ce jugement.

S'il y avait eu constitution, on procéderait par avenir.

H. — *L'enquête a été ordonnée et le procès-verbal a été ouvert par le juge-commissaire.*

a. — Par le fait du dépôt des conclusions à fin de transformation, le juge-commissaire se trouve dessaisi, et l'enquête ne peut avoir lieu que dans la forme prévue au titre du divorce.

Pour ce que doivent contenir les conclusions, en demandant et en défendant, et pour les jugements à rendre, s'en référer à ce qui a été dit sous la lettre **G**.

b. — Si la procédure de Séparation a été suivie par défaut, même manière de procéder que précédemment, — par assignation après requête dont les conclusions seront semblables à celles qui seraient posées, si l'affaire était contradictoire; même jugement; même assignation — ou par avenir motivé en cas de constitution, comme au cas prévu ci-dessus.

I. — *L'enquête et la contre-enquête ont eu lieu.*

a. — On déposera des conclusions pour demander acte de la transformation : le tribunal rendra un jugement qui en donnera acte, nommera le rapporteur, ordonnera la communication au Ministère public, fixera le jour de l'audience publique et déterminera le délai dans lequel la signification sera faite au défendeur (art. 256).

Si les enquête et contre-enquête n'ont pas été signifiées, elles le seront après ce jugement.

Nota : On devra avoir soin de mentionner en marge des conclusions si les enquête et contre-enquête ont été signifiées, afin que le tribunal fixe un délai en conséquence.

b. — Si la procédure de Séparation a été suivie par défaut, même assignation que ci-dessus sur requête et ordonnance; jugement et signification dans les termes de l'article 256.

J. — Quid *en cas d'opposition à un jugement rendu par défaut avant la promulgation de la loi :*

Le demandeur peut évidemment transformer. L'opposition fait disparaître le jugement et ce qui l'a suivi. Elle ne laisse subsister que l'assignation. Par suite, il sera procédé comme il a été dit sous la lettre **D**.

K. — *Avant la loi, le tribunal a été saisi, soit d'une demande principale en séparation et d'une demande reconventionnelle, soit de deux demandes principales qui ont été jointes. L'une des parties seulement demande la transformation.*

— À partir du jugement donnant acte de la transformation, les procédures sont distinctes. Il semble naturel que le tribunal statue d'abord sur le divorce, qui s'il est admis, paraît devoir rendre inutile tout débat sur la séparation de corps. Il sera par conséquent sursis sur la séparation de corps, à moins toutefois que la décision à rendre sur la demande en divorce ne soit subordonnée à la preuve des faits articulés par l'autre partie. C'est ce qui arriverait par exemple au cas où l'une des parties croirait trouver un injure grave dans les articulations produites par la partie adverse.

OBSERVATIONS GÉNÉRALES

Il y aura lieu de conclure à la liquidation des reprises et de la communauté, et ce, comme en matière de séparation de corps, et à la commission d'un notaire et d'un juge rapporteur. Bien entendu ces opérations n'auront lieu qu'après la prononciation du divorce par l'officier de l'état civil.

— Les demandes reconventionnelles devront être formées, non par conclusions, mais par action principale. Donc, le demandeur reconventionnel devra remplir toutes les formalités exigées par la loi, comme s'il était demandeur principal, et cela quelque soit l'état de la procédure du demandeur principal.

CHAPITRE III

Conversion

Les conversions des jugements de séparation en jugement de divorce, sont quant à certaines formes de procédure, assimilables aux procédures d'autorisation maritale. C'est en Chambre du conseil qu'a lieu le débat, mais le jugement est rendu en audience publique. Le demandeur est assisté d'un avoué ; il n'est pas astreint à la comparution personnelle. Le défendeur peut comparaître seul, sans avoué. Il peut aussi se faire représenter par un avoué. Il peut, comparaissant seul, être assisté d'un avocat.

Bien entendu, l'avocat ne peut être admis que si le défendeur comparaît personnellement, ou par avoué.

Le jugement de séparation ne peut être converti en jugement de divorce que s'il est définitif. Il y aura donc à justifier :

1° De l'exécution des jugements par défaut par un procès-verbal de carence ou une liquidation dressés dans les six mois et la production des certificats de non opposition ni appel ;

2° Du caractère définitif des jugements contradictoires ou des arrêts par les originaux de significations, et la production de certificats de non appel ou de non pourvoi suivant le cas. Ces pièces justificatives devront spécialement être jointes aux dossiers d'assistance judiciaire avant qu'il soit donné suite aux demandes de conversion.

— Nous n'avons pas besoin de revenir d'une façon détaillée sur la question relative à la compétence de l'officier de l'état civil.

Si le mari a un domicile connu, c'est l'officier de ce domicile qui sera compétent ; la raison de décider dans ce cas semble devoir être puisée, non dans l'art. 5 de la loi de 1792 sur l'état civil, mais dans l'art. 16 de la loi du même jour, 20 septembre 1792, sur le Divorce, lequel attribuait compétence à l'officier du domicile du mari, lorsque le Divorce était requis comme conséquence d'un jugement antérieur, ayant prononcé la séparation de corps.

— Si le mari est sans domicile connu, s'en référer à ce qui a été dit, page 12.

Dans la pratique, il sera sage de conclure à ce que le tribunal autorise le demandeur à se retirer devant l'officier de l'état civil du domicile soit du mari, soit de la femme, suivant les distinctions ci-dessus, en ajoutant : ou tout autre qui serait jugé compétent par le tribunal.

Cette dernière observation s'applique également aux chapitres 1 et 2 ci-dessus.

53044 Paris. — Typographie et lithographie V⁼ RENOU ɛᴛ MAULDE, rue de Rivoli, 144.

9 782014 080087